D1514037

your name. Vol.2 (de 3)
Publicación de Editorial Planeta, S.A.
Diagonal, 662-664, 7° B, 08034, Barcelona.
ISBN: 978-84-9146-716-8
Copyright © 2018 Editorial Planeta, S.A, sobre la presente edición.
Reservados todos los derechos.

YOUR NAME. Vol.2
©Ranmaru Kotone 2016
© 2016 TOHO CO., LTD. / CoMix Wave Films Inc. /
KADOKAWA CORPORATION / East Japan Marketing & Communications,Inc. /
AMUSE INC. / voque ting co.,ltd. / Lawson HMV Entertainment, Inc.
First published in Japan in 2016 by KADOKAWA CORPORATION, Tokyo.
Spanish translation rights arranged with KADOKAWA CORPORATION, Tokyo
through TOHAN CORPORATION, Tokyo.

Traducción: Paula Martínez Sirés (Daruma Serveis Lingüístics, S.L.)
Depósito legal: B 7889-2017 (tomo 2) (III-18) (10193617)
Printed in EU / Impreso en UE.

Si deseas información sobre nuestros cómics, busca en la web:
www.planetacomic.com

Inscríbete a nuestro boletín de novedades en:
www.planetacomic.com

BLOG: www.planetadelibros.com/blog/comics

FACEBOOK/TWITTER/INSTAGRAM/YOUTUBE: PlanetadComic

EL NIÑO Y LA
Idea original: MAMORU HOSODA
Adaptación: RENJI ASAI
Planeta Cómic
www.planetacomic.com
PlanetadComic

ESTIA
EL NIÑO Y LA BESTIA
MAMORU HOSODA
RENJI ASAI
1
Planeta Cómic
EL NIÑO Y LA BESTIA
1
Idea original: MAMORU HOSODA
Adaptación: RENJI ASAI
¡EL MANGA!

WOLF CHIL DREN

Historia original : **MAMORU HOSODA**

Manga: **YÛ**

Diseño básico de personajes:
YOSHIYUKI SADAMOTO

🜨 Planeta Cómic   www.planetacomic.com   f t PlanetadComic

your name.
02

¡A MANDAR!

CHAS

¡MUY BIEN, TESSHI!

¡A POR TODAS!

¡IRÉ A VER AL ALCALDE!

NO...

¿EH? AH, NO, BUENO...

TOTAL, TODO ESTO ES SOLO POR SI ACASO, ¿NO?

SEGURO QUE SI SU PROPIA HIJA SE LO CUENTA TODO, PODRÉ PERSUADIRLO.

EN ÚLTIMA INSTANCIA, EL ÚNICO MODO DE LOGRAR EVACUAR A TODO EL PUEBLO ES CON LA COLABORACIÓN DEL AYUNTAMIENTO.

AAAH...

BUENO... HACED LO QUE QUERÁIS.

¡ES EL PLAN PERFECTO!

¡NO TIENE POR QUÉ!

EMITIREMOS UNA ORDEN DE EVACUACIÓN AL PUEBLO ENTERO DESDE LA SALA DE RADIODIFUSIÓN DEL INSTITUTO.

¡ASÍ QUE HEMOS CONCLUIDO QUE EVACUAREMOS A LA GENTE DEL PUEBLO EN EL PATIO DEL INSTITUTO!

ZONA DE EVACUACIÓN

EL ÁREA ALREDEDOR DEL INSTITUTO QUEDA FUERA DE LA ZONA EN LA QUE SE ESPERA QUE IMPACTE EL METEORITO.

AH, TÚ TE ENCARGARÁS DE LA RETRANSMISIÓN, SAYA.

E... ESO ES UN DELITO COMO UNA CATEDRAL.

Y YO...

YO ME ENCARGO DE LOS EXPLOSIVOS.

PUES PORQUE ESTÁS EN EL CLUB DE RADIODIFUSIÓN.

¿¡POR QUÉ YO!?

TACHÀAAN

¡Aagh!

¿¡UNA BOM-BA!?

¿¡EEEH!?

¿U...?

UN EXPLOSIVO DE HIDROGEL, MÁS BIEN. EN EL ALMACÉN TENEMOS UNOS CUANTOS.

Sí.

¡EXAC-TO!

¡¡NO MENOS-PRECIES EL CLUB AMATEUR DE RADIO-DIFUSIÓN!!

INTER-CEPTAR LA SEÑAL DE LA LÍNEA INALÁMBRI-CA DE UNA ZONA TAN RURAL ESTÁ CHUPADO. BASTA CON SABER LA FRE-CUENCIA DE TRANS-MISIÓN Y LA DE SUPERPOSICIÓN DE ARRAN-QUE.

¿¡INTER-CEPTAR LA SE-ÑAL...!?

¡LAS SEÑORITAS NO DEBERÍAN SER TAN INDECENTES!

¡PARA YA!

¡JA, JA, JA! ¡ERES UN TROZO DE PAN, CHICO!

¡CIERRA EL PICO!

QUÉ BARATOS TE SALIMOS.

¡CÁLLATE!

¡GRACIAS, SAYA!

H' RAAAS

YA HE IDO AL SÚPER.

¿CÓMO LLEVÁIS LAS PREPARACIONES?

¿SE OS HA OCURRIDO ALGUNA MANERA DE EVACUAR AL PUEBLO?

¿Y BIEN?

SÍ, ESOS ALTAVOCES QUE HAY POR TODO EL PUEBLO, ¿SABES?

¿LA LÍNEA INALÁMBRICA DE PREVENCIÓN DE DESASTRES?

¡OYE, OYE!

PAM ドッ

¡QUÉ PASADA, TESSHI!

¡AH! ¡YA VEO!

Y SI PILLAMOS LA FRECUENCIA DE LA LÍNEA...

¡PUEDE FUNCIONAR!

¿QUÉ? ¡AHÍ VA, TE HAS PUESTO COMO UN TOMATE!

¡NO TE ME ACERQUES TANTO!

¿¡QUÉÉE!? ¿¡DE QUÉ HA-BLAS!?

ANDA.

AH... ES QUE...

HOLA, SAYAKA. ¿HOY NO TIENES CLASE?

T...

TU...

¿EING?

¡¡SI NO HACEMOS NADA, ESTA NOCHE MORIREMOS TODOS!!

¡ASÍ QUE...!

¡¡TENEMOS QUE HACER ALGO!!

ANDA, QUÉ LIGERO...

TU PELO...

AH, ¿ESTO? YA, ANTES ME GUSTABA MÁS...

¡NECESITO VUESTRA AYUDA!

¿EH?

PLAS

¡PERO ESO AHORA DA IGUAL!

PLAS

PLAS

:ARF:

:ARF:

QUE NADIE ME CREERÁ, DICE...

PUES HA RE-ACCIO-NADO DE UN MODO EXTRAÑA-MENTE NOR-MAL...

¿¡QUÉ TE HAS HE-CHO...!?

¡MI-TSU-HA...!

¡...SERÁ MEJOR QUE VAYA A LA ES-CUELA!

¡DE MOMEN-TO...!

¡NO PERMITI-RÉ QUE NADIE MUERA!

¡PRESTA MUCHA ATENCIÓN!

¡ABUELA!

¡EL COMETA CAERÁ EN ITOMORI Y TODOS MORIREMOS!

?

¡¡POR ESO TENEMOS QUE HUIR...!!

CUANDO TENÍA TU EDAD...

...ME HA HECHO RECORDAR ALGO.

...RECUERDO QUE TUVE UN SUEÑO MUY EXTRAÑO.

NO, QUÉ VA. EMPERO, TU COMPORTAMIENTO DE LOS ÚLTIMOS TIEMPOS...

AUNQUE AQUELLOS RECUERDOS SE HAN BORRADO POR COMPLETO.

SE BORRAN...

PUES SÍ...

MÁS QUE UN SUEÑO, ERA COMO SI TUVIERA UNA VIDA PARALELA. CUANDO SOÑABA, ME CONVERTÍA EN OTRA PERSONA.

TANTO YO...

...COMO VUESTRA MADRE PASAMOS POR ESTO.

...TARDE O TEMPRANO TERMINAREMOS OLVIDÁNDOLOS.

DEBEMOS ATESORAR NUESTROS SUEÑOS. PORQUE AL DESPERTARNOS...

ASÍ QUE EL PERIGEO DEL COMETA TENDRÁ LUGAR ESTA NOCHE...

¡CARAMBA!

PARECÍA BASTANTE ALTERADA Y...

BUENOS DÍAS, MITSUHA. YOTSUHA HA SALIDO YA PARA LA ESCUELA.

¡AÚN HAY TIEMPO!

¿TÚ LO SABÍAS?

¡ABUELA...!

TÚ NO ERES MITSUHA, ¿VERDAD?

ABUELA, ¡A MITSUHA SE LE HAN CRUZADO LOS CABLES DEL TODO!

HOY ME IRÉ SIN ELLA.

EL COMETA TIAMAT, QUE DESDE HACE UNA SEMANA YA ES VISIBLE A OJO DESNUDO, LLEGARÁ A SU PERIGEO ESTA NOCHE SOBRE LAS 19:40 H...

7:28

EL COMETA TIAMAT LLEG

¡LLEGA-
RÁS TARDE!
¿ITE ESTÁS
SOBAN-
DO LOS
PECHOS
OTRA
V....!?

¡MI-
TSU-
HA!

UH..

UH..

HIP,
HIP...

ESTÁ VIVA...

AAAH...

MITSUHA...

¡¡...ESTÁ VIVA!!

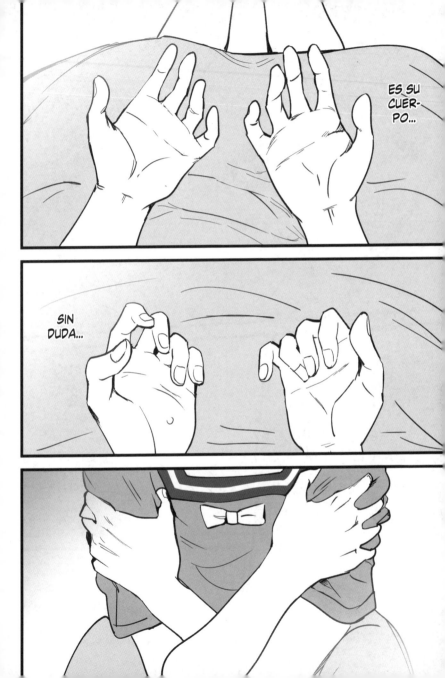

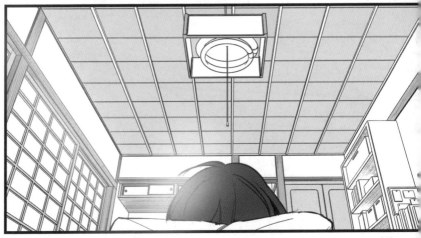

¿¡MITSUHA VINO A TOKIO!?

ABUELA, QUERRÍA PEDIRTE UN FAVOR...

AH, SÍ, EL FESTIVAL...

¿DIGA...? AH... ERES TÚ, TESSHI...

AH... HOY ERA CUANDO SE VERÍA MÁS BRILLANTE EL COMETA...

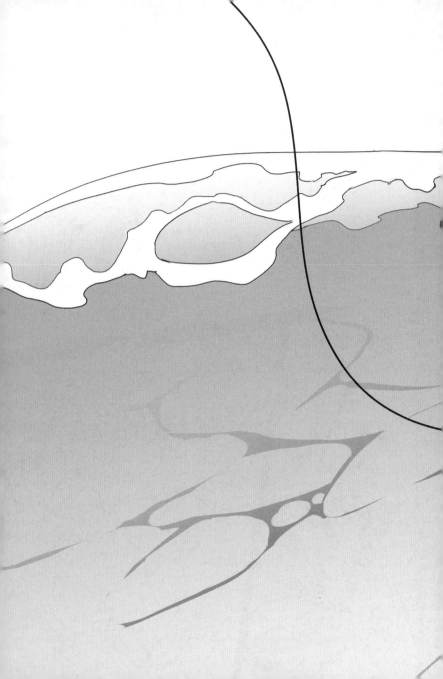

INTRODUCIR ALGO EN EL CUERPO.

EL FLUIR DEL TIEMPO.

ENTONCES DEJADME VOLVER CON ELLA...

SI DECÍS QUE TODO ESTO ES EN REALIDAD UN "VÍNCULO"...

UNA ÚLTIMA VEZ...

your name.

your name.

¿Y BIEN...!?

NO PASA NADA.

...

MAL-DITA SEA.

ASÍ QUE NO HA FUN-CIONA-DO...

CRAC

SE TUERCE Y SE ENREDA, A VECES VUEL-VE ATRÁS, Y DESPUÉS SE VUELVE A CONECTAR!..

UN VÍNCULO.

GLUP

¡¡QUE VUELVA A SU CUER-PO!!

SI DE VERDAD ES POSIBLE VOLVER ATRÁS EN EL TIEMPO...

PFFF

COF

COF

¡DEJAD QUE VUELVA UNA ÚLTIMA VEZ...!

HACE TRES AÑOS...

¿...HA-CE TRES AÑOS CAYÓ EL METEORI-TO Y ELLA MURIÓ...?

Y EL CAM-BIO DE CUERPO PARÓ POR-QUE...

ASÍ QUE ME ESTUVE INTERCAM-BIANDO CON LA MITSUHA DE HACE TRES AÑOS...

TRES AÑOS NOS SEPARA-BAN...

EL SAKE KUCHI-KAMI...

ES EL QUE TRAJE CON SU HERMANA...

EL DE LA DERECHA ES EL DE YOTSUHA, Y EL DE LA IZQUIERDA...

...EL DE MITSUHA.

ESTÁ
SU SAKE
KUCHIKAMI...

SEGURO
QUE SÍ.

ESTARÁ
AHÍ.

...A LA
CIMA...

SI
LLEGO...

¡TAKI!

PLEC

ANDA QUE QUEDARME DORMIDO AQUÍ... ¡COMO SI ME SOBRARA EL TIEMPO!

UF... POR QUÉ POCO.

SHAAAF

PAF

DIME...
¿NO ME
RECUERDAS?

TAKI...

...KI...

BASTA CON QUE SIGA POR CAMINOS QUE ME SUENEN HASTA LA CIMA.

NO PASA NADA.

ES UN VÍNCU-LO...

DIJO QUE PONER ALGO EN NUESTRO CUERPO TAMBIÉN ES UN VÍNCULO.

¡ÁNI-MO!

CHOF

CHOF

SHAAAF

CON TANTA LLU-VIA, CUES-TA SEGUIR EL CAMI-NO...

¡QUÉ RICO!

TAP

ESE DIBUJO TUYO DE ITOMO- RI...

Y CÓ- METELO ARRIBA.

LLÉ- VATE ESTO.

ESTABA MUY BIEN HECHO.

PARECE QUE LLOVERÁ.

AQUÍ YA ME VA BIEN.

AH... ¡AQUÍ MISMO!

¿EH?

FRAS

ES-TO...

¡MUCHÍSIMAS GRACIAS!

OKUDERA

HAY UN LUGAR AL QUE DE...
VOLVED VOSOTROS DOS A TOKIO,
POR FAVOR.

...TARDARÉ EN REGRESAR.
TRANQUILOS.

...CIAS,

TAKI

TAKI...

¡QUI-
ZÁS
DESDE
ESE LU-
GAR...!

PLÁC ガタン

MAPA DE ITOMORI
2013

¿QUÉ FUE LO QUE ME DIJO, EXACTAMENTE...?

¡OYE, TESSHI!

ES COMO UNA PULSERA DE LA SUERTE. ME LA PONGO DE VEZ EN CUANDO.

¿EH?

¿QUIÉN ME LA DIO...?

PERO, POR ALGÚN MOTIVO, NO CONSIGO RECORDARLO CON CLARIDAD...

JURARÍA... QUE ALGUIEN ME ENSEÑÓ A HACER CORDELES DE TRENZADO...

ASÍ QUE ITOMORI ERA UNA REGIÓN PRODUCTORA DE CORDEL DE TRENZADO...

CORDELES DE I

ITOMORI

EL PUEBLO QUE QUEDÓ ENGULLIDO

ESTAMPADO ORIGINAL DE ITOMORI

QUÉ PRECIOSIDAD.

MIRA, MIRA.

BUENO, QUERÍA PEDIRTE PERDÓN.

HOY NO HE PARADO DE DECIR COSAS RARAS Y...

NO PASA NADA.

OYE, OKUDERA...

ENCIMA SOLO HEMOS PODIDO COGER UNA HABITACIÓN.

JA JA JA JA

¿SOIS TAL PARA CUAL!

¿SABES QUÉ? ANTES ME HAN OFRECIDO UNAS PERAS. ¡ESTABAN RIQUÍSIMAS!

¡ITSUKASA HA DICHO LO MISMO!

ITOMORI: LA CATÁSTR...

LA HISTORIA DE ITOMORI

¿ENTONCES ERA...
UN FANTASMA...?

O QUIZÁS
TODO HAN
SIDO...

...IMAGI-
NACIONES
MÍAS...

DICE
TSUKASA
QUE VA A
DARSE UN
BAÑO.

¡AH!

PAM

Y SI NO ES ESO...

TAKI...

EL PAISAJE ME SONABA PORQUE LO MEMORICÉ IN-CONSCIENTE-MENTE AL VER LAS NOTICIAS DE HA-CE TRES AÑOS...

TO-DO HA SIDO... UN SUE-ÑO.

ME GUSTABA MUCHO, ¿SABES?

SU FORMA DE SER ÚLTIMAMENTE...

¿EH?

ERA TAN MONO, SIEMPRE DÁNDOLO TODO...

PERO ÚLTIMAMENTE ME HABÍA EMPEZADO GUSTAR.

SIEMPRE ME HABÍA PARECIDO UN BUEN CHICO...

MIRAN-DO PERIÓ-DICOS O REVISTAS DE LA ÉPOCA.

SIGUE EN LA HA-BITACIÓN LEYENDO ARTÍCU-LOS.

LEE TODO LO QUE TIENE A MANO.

¿QUÉ PIENSAS SOBRE LA HIS-TORIA DE TAKI?

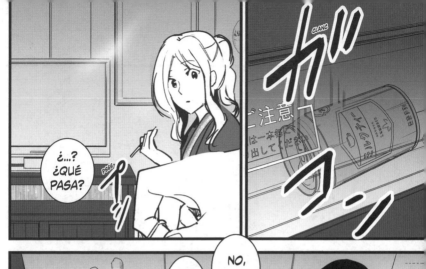

¿...? ¿QUÉ PASA?

NO, NADA.

NO SABÍA QUE FUMABAS.

¿Y TAKI?

AH... LO CIERTO ES QUE LO HABÍA DEJADO.

QUÉ BIEN SE LO PASAN LOS DE AL LADO.

SIENTO NO HABER PODIDO CO-GER DOS HABITACIO-NES.

NO PASA NADA.

...ESTÁS SOÑANDO, ¿VERDAD?

YO...

¿QUÉ DIANTRE... ESTOY HACIENDO?

TESHIGAWARA
Y SAYAKA...

A LAS 20:42 H.

IMPACTÓ JUSTO EN EL LUGAR DONDE SE CELEBRABA EL FESTIVAL, ABARROTADO DE GENTE.

*N de la T: Bolitas rellenas de pulpo y recubiertas con una salsa dulzona.

TOMA, TAKI.

LA CATÁSTROFE DEL COMETA DE ITOMORI

LISTA DE FALLECIDOS

PERO PILLÉ UN BUEN ATASCO...

YO SOY ORIGINARIO DE ITOMORI, ¿SABES? JUSTO ESE DÍA IBA DE VUELTA.

Y CUANDO LLEGUÉ... YA...

CAPÍTULO 5

fifth episode

VAYA.

¿YA HABÉIS TERMINADO?

SÍ... MUCHAS GRACIAS POR TRAERNOS EN COCHE.

your name.

your name.

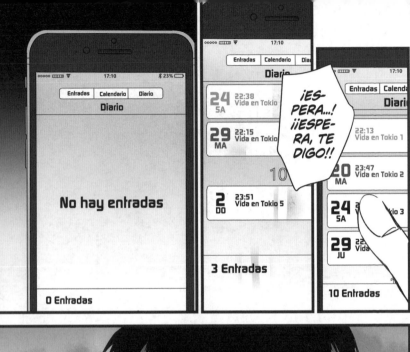

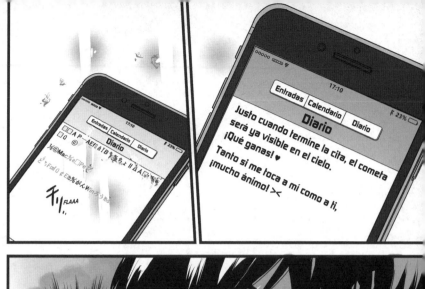

Justo cuando termine la cita, el cometa será ya visible en el cielo. ¡Qué ganas! ♥ Tanto si me toca a mí como a ti, ¡mucho ánimo! ✂

!?

¿¡EH!?

¿EH...? ¿¡QU...!?

¿¡QUÉ ESTÁ PASANDO!?

HACE TRES AÑOS... NO PUEDE SER, ES IMPOSIBLE.

MIRAD, AQUÍ TENGO LA PRUEBA.

JA, JA...

¿NO SERÁ QUE TODO ESTO TE SUENA PORQUE LO VISTE EN LAS NOTICIAS?

EN ESTE DIARIO.

OYE, ¿SE-GURO QUE ES AQUÍ?

ESTO DE AQUÍ...

¿ES ITOMO-RI...?

¡¡QUE NO!!

¡CLARO QUE NO! TAKI SE HABRÁ CON-FUNDIDO.

¿QUÉ DIAN-TRE ES ESTO?

¿ITO-
MORI,
DICES...?
NO ME
DIGAS
QUE...

PERO
ES QUE...
BUENO...

¿QUE
QUIE-
RES IR
A ITO-
MORI?

¿...DEL
COME-
TA...?

¿TE
REFIE-
RES
AL LU-
GAR...?

¿HABLAS
DE ESE
ITOMORI?

¿DONDE
IMPACTÓ
AQUEL
COMETA
HACE TRES
AÑOS...?

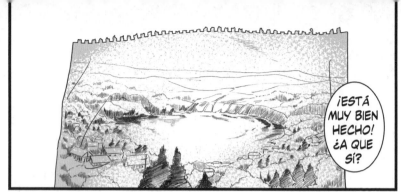

¡ESTÁ MUY BIEN HECHO! ¿A QUE SÍ?

SÍ, ES ITOMO-RI...

ESO ES...

¡ITO-MORI...!

ME GUSTA-RÍA IR HASTA ALLÍ.

¡ES-TO...!

¡DIS-CULPEN! ¿CÓMO SE LLEGA A ITOMO-RI? ES QUE...

RAAAS

¡VAYA, PERO SI ES ITO-MORI!

ESTO... BIEN PENSA-DO, VOY A...

MIRA, CARI-ÑO.

QUÉ DIBUJO TAN BUE-NO.

SI NOS VIÉRAMOS...

HAY ALGO QUE QUERRÍA DECIRTE.

VERÁS, TAKI...

Verás, Taki

Guardar   Borrador   Elin

PERO, AHORA QUE LO PIENSO, TÚ Y YO NUNCA NOS HEMOS VISTO, TAKI.

PERO DESPUÉS DE LOS CAMBIOS DE CUERPO, ME DI CUENTA DE QUE TÚ TAMBIÉN TENÍAS TUS PROPIOS PROBLEMAS.

NO SÉ HASTA CUÁNDO CONTINUARÁN LOS INTERCAMBIOS, PERO...

AL PRINCIPIO TE TENÍA ENVIDIA.

SOLO HABLA DE CO- MIDA...

ANDA QUE...

X DE OCTU- BRE. ¡¡LAS TORTITAS DE HOY ESTA- BAN BUENÍ- SIMAS!!

¿...ES PARA MÍ?

AH.

ESTE MEN- SAJE...

Notas

Taki, ¡Tokio mola mogollón! Hay cafeterías
29/09   1 Nota

UNOS FIDEOS *RAMEN TAKAYAMA*, POR FAVOR.

LO MISMO PARA MÍ.

Y OTRO BOL PARA MÍ.

¿...CUANDO
LA TENGA
DELANTE?

YA
SABÍA YO
QUE ERA
IMPOSI-
BLE...

¿¡CÓMOOO!?

¿¡QUIE-
RES
TIRAR
NUESTRO
ESFUER-
ZO POR
LA BOR-
DA!?

PERO
SI NO
HABÉIS
HECHO
ABSOLU-
TAMENTE
NADA...

...

¿QUÉ VOY A HACER CUANDO VEA A MITSUHA?

¿QUÉ PODRÍA DECIR-LE...?

HE VENIDO SIN PEN-SÁRME-LO DOS VECES, PERO...

...NO SÉ YO SI LO-GRARÉ ENCON-TRARLA ASÍ.

PARA EMPE-ZAR...

¡PERO QUÉ MONADA! ♡

¿ASÍ ES COMO ME VAIS A AYUDAR...?

Vaca

Y, PARA COLMO, ¿¡NO PUEDES CONTACTAR CON ELLA!?

MENUDO ENCARGADO DE LOGÍSTICA ESTÁS HECHO...

Pfff...

EXACTO...

¡PA-TA-TA!

Vaca de Hida*

¡UAAAH!

¡NOSOTROS TE AYUDAREMOS A ENCONTRARLA!

BUENO, QUÉ LE VAMOS A HACER...

¡DAOS PRISA!

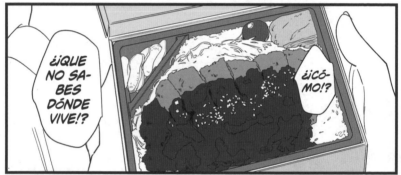

¿¡QUE NO SABES DÓNDE VIVE!?

¿¡CÓMO!?

TROCOTROC

ゴ

ER... NO.

¿Y TU ÚNICA PISTA SON SOLO ESOS DIBUJOS?

S... SÍ.

BUENO, LO DEL AMIGO DE INTERNET ERA SOLO UN DECIR...

¿EH?

¡QUE NO! ¿Y TÚ POR QUÉ HAS VENIDO, SI SE PUEDE SABER?

FIJO QUE HA QUEDADO CON UNA TÍA QUE HA CONOCIDO EN UNA PÁGINA PARA LIGAR.

PORQUE TENGO MIEDO DE QUE INTENTEN TIMARTE.

¿TIMARME...?

¿¡TENGO PINTA DE ESTUDIANTE DE PRIMARIA!?

TRANQUILO, TE VIGILAREMOS DE LEJOS.

TOMA.

ASÍ QUE DE TOKIO A HIDA SE TARDAN CINCO HORAS Y MEDIA...

¡PERO BUENO! ¡MIRA POR DONDE ANDAS, TAKI!

¡DIS-CUL-PE...!

PUES YA PUEDO ESPABI-LAR...

O... ¿¡OKU-DERA!?

¿EH?

¿TSU-KASA? HOLA.

Cordilleras de Hida y Takayama*

ME SABE FA-TAL PE-DÍRTELO, PERO...

FLAP

POR CIERTO, ¿PO-DRÍAS VOLVER A HACER ESE COCIDO DE PATATAS QUE PREPARASTE EL OTRO DÍA?

¿¡CÓ-MO VOY A SABER COCINAR ESO!?

QUÉ PRONTO HAS SALI-DO HOY, ¿NO?

PUES SÍ. ES QUE MAÑANA TENGO UN VIAJE DE NEGOCIOS. HE PREPARADO LA COMIDA. ¿HAS CENADO?

AÚN NO.

¿CUÁN-DO FUE ESO?

EL DÍA QUE VINISTE A MI OFICINA. COMO AGRADECIMIEN-TO, DIJIS-TE.

¿¡EEEH!? QUÉ MALO ERES... ASÍ QUE HABLABAS EN SERIO CUANDO DIJISTE QUE SOLO LO HA-RÍAS ESE DÍA...

SUPON-GO QUE YA LO SABES, PERO SI TIE-NES CUALQUIER PROBLEMA PUEDES CON-TÁRME-LO.

LO CIERTO ES QUE TU VISITA ME DESCOLO-CÓ.

FUE MITSUHA, PUES...

IL GIARDINO DELLE PAROLE

POR FIN EN CASA...

ANDA, ¿YA HAS VUELTO?

LOS INTER-
CAMBIOS
DE CUER-
PO CON
MITSUHA
PARARON
A PARTIR
DE AQUEL
DÍA.

Y SIGO
SIN PO-
DER CO-
MUNICAR-
ME CON
ELLA.

PERO
YA ME
DA LO
MISMO.

TODO SI-
GUE IGUAL
QUE ANTES,
CUANDO
SIMPLE-
MENTE
ESTABA
SOLO YO.

¿DE QUÉ HA-BLAS...? ANDA QUE... ¡CON LO GRACIOSO QUE ESTA-BAS ÚLTIMA-MENTE...!

NADA, ALGO QUE ERA UN FAS-TIDIO SE HA ACABADO. UNA PREO-CUPACIÓN MENOS.

HABLA-BAS COMO SI FUERAS NUESTRA NOVIA, TÍO.

Ve je

NOS DECÍAS COSAS CO-MO "¡PERDO-NAD LA ESPE-RA, CHI-COS!"...

¿¡CÓ-MO!?

¿QUE ES-TABA GRA-CIO-SO?

HASTA HACE POCO ERAS MU-CHO MÁS ALEGRE.

!?

GAAAH

AAAGH

PUES SÍ...

TRANQUILO, HOMBRE...

¡¡Y PA-RAD DE MIRARME RARO!!

¡¡PO-DÉIS ESTAR TRAN-QUI-LOS!!

¡¡LARGO DE AQUÍ!!

GRRR

¡¡PUES NO LO SOY!! ¡¡NI MUERTO, ¿TE ENTE-RAS?!!

VAYA CARE-TO...

¿QUÉ TE PA-SA?

TSU-KASA... TAKA-GI...

CLANC

your name.

Este es el encuentro de dos personas que no se han conocido. Las ruedas del destino empiezan a moverse...

Tras varios intercambios, y mientras intentan acostumbrarse a sus nuevas vidas, poco a poco Taki y Mitsuha empiezan a aceptar la situación. Comienzan a dejarse mensajes. Unos días se pelean y otros disfrutan al máximo de la vida del otro. Poco a poco van manejando mejor la situación. No obstante, justo cuando ambos están empezando a abrirse más el uno al otro, los intercambios de cuerpo se interrumpen de repente...

Los misteriosos sueños sé repiten. Mientras las lagunas de memoria continúan, los días van pasando... Hasta que finalmente se dan cuenta de algo.
"Esa tía y yo...
¿¡...Nos intercambiamos los cuerpos!?"
"Ese chico y yo..."

Un búen día, sueña con qu se convierte en un chico. Una habitación extraña, unos amigos que no conoc y la ciudad de Tokio la rodean. Mitsuha empieza disfrutar su sueño de vivir en una gran ciudad, sin cortarse ni un pelo. Mientras, Taki, un chico de instituto de Tokio, también tiene un sueño extraño. Er él, se ha convertido en una chica de instituto que vive en un pueblecito remoto entre montañas que no conoce de nada.

RESUMEN DEL VOLUMEN ANTERIOR:

Tan solo queda un mes para que un cometa que
solo pasa una vez cada mil años llegue a Japón.
Mitsuha, una chica de instituto que vive en un
pueblecito de una zona entre montañas, pasa
los días sumida en la melancolía. Su padre es
el alcalde del pueblo y se encuentra en plena
campaña electoral, y desde hace generaciones
su familia está a cargo del santuario, por lo que
también debe encargarse de participar en varios
rituales.
Está en esa edad en la que vivir en un pueblo
tan diminuto y claustrofóbico le resulta
agobiante. Esto, sumado a toda la
atención no deseada que recibe
últimamente, provoca que cada
día tenga más ganas de vivir en
una gran ciudad.
"¡¡Por favor, haced que en la
próxima vida sea un chico
guapo de Tokiooo!!"

¿NO ME RE-
CUER-
DAS?

DIME...

your name.

makoto shinkai
ranmaru kotone

02

your name.

ÍNDICE